Parents casse-couilles

Direction éditoriale : Stéphane Chabenat
Éditrice : Alix Heckendorn
Conception graphique
et mise en pages : Florence Cailly
Conception couverture : MaGwen
Illustrations : © Sébastien Hardy

Les Éditions **de l'Opportun**
16 rue Dupetit-Thouars
75003 Paris

www.editionsopportun.com

Sandra Guillot-Duhem
Sabrina Petit

Parents casse-couilles

SOMMAIRE

AVANT-PROPOS

Tout le monde connaît le rôle de l'école, mais oublie ce qu'elle représente d'anxiété ou même d'angoisse pour l'enfant qui découvre ce qu'est la collectivité, et pour les parents qui vont confier ce qu'ils ont de plus cher à des inconnus.

Notre rôle, en tant qu'enseignants, est de permettre aux jeunes enfants de développer leurs capacités. Cet endroit doit donc être étudié pour être propice à leur éveil.

En premier lieu, nous devons manifester de la bienveillance, montrer indulgence et tolérance envers les parents qui, par leurs questions parfois singulières ou maladroites, expriment tout simplement leurs inquiétudes. Quelles qu'elles soient, ces questions appellent des réponses rassurantes et tranquillisantes.

La relation entre familles et enseignants est souvent décriée. Se dégrade-t-elle pour autant ?

Il s'agit le plus souvent, heureusement, de cas isolés ou de dysfonctionnements ponctuels plutôt que de véritables conflits ! Parents et enseignants doivent faire équipe pour le bien de l'enfant, cela implique respect et confiance mutuels afin d'encourager ce dernier à s'impliquer davantage dans son apprentissage.

Ce livre est un recueil de situations où des parents d'élèves nous surprennent et nous déstabilisent encore par la singularité de leurs propos et ce malgré nos nombreuses années d'expérience. Nous vous invitons à le considérer comme un moment de détente et non de critiques à l'égard des parents. Bien sûr, certains passages ont été exagérés et extrapolés dans le but de faire ressortir le comique des situations. N'oubliez pas que ces anecdotes ont été recueillies sur le long terme et que, fort heureusement, elles ne concernent que des cas isolés !

Tout d'abord, nous tenons à remercier nos collègues enseignants pour leur disponibilité envers les parents, pour leur *self-control* dans toutes les situations et leur capacité à laisser leurs problèmes personnels à la porte de la classe afin de satisfaire les besoins des élèves et de leur famille.
Nous remercions également nos familles de leur compréhension et de leur patience. Nos enfants, qui nous reprochent bien souvent, à juste titre, de les délaisser au profit de nos élèves.

Enfin, nous vous remercions, vous, parents, sans qui ce livre n'aurait jamais vu le jour.

Restez vous-mêmes !

EN CONSEIL D'ÉCOLE…

— Pourrait-on mettre des caméras dans les classes, car ça doit être trop mignon de les voir comme ça ?

(Trop mignon, trop mignon, pas si sûr...)

— Oui, une nouvelle téléréalité...

Une maman marseillaise (ou chti, je ne sais plus).

— Ce serait bien de caler les horaires de l'école sur ceux du bus, car le bus arrive une minute après la sonnerie..., ça éviterait les retards.

(C'est une idée, et les horaires d'école sur mon réveil...)

— Je vous suggère de prendre le bus d'avant, dans ce cas-là !

Un papa soucieux de la ponctualité.

— Serait-il possible d'acheter des crayons bio ? C'est bien mieux étant donné que les enfants les mâchouillent.

(Et purifier l'air pour les crottes de nez, puisqu'ils les mangent ?)

Une maman « green addict ».

— Pourquoi demandez-vous l'aide des parents pour tenir les stands de la fête de l'école ? C'est pénible, à la fin, on ne peut pas profiter de toute la fête...

(Euh..., c'est la fête des enfants...)

— Mais qui les tient, les stands, sinon ?

Un papa resté très joueur.

— Ma fille m'a dit que le projet de classe cette année était de faire un album à compter. Avez-vous un autre projet plus ambitieux ?

(« Une petite impatience ruine un grand projet », *Confucius*)

— Vous savez, monsieur, c'est un projet déjà très ambitieux pour une petite section...

Un papa leadership.

— Ne pouvez-vous pas accepter les autorisations d'absence pour les dernières semaines d'école ? Les billets d'avion sont quand même moins chers...

(Puis-je faire ma rentrée deux semaines après en septembre ? Les billets sont moins chers aussi...)

Une maman pragmatique.

— Pourquoi changez-vous les enfants de place à chaque retour de vacances ? La reprise n'est pas assez déstabilisante pour eux ? Vous voulez qu'ils perdent leurs repères ?

(Serait-ce cela, la cause de l'échec scolaire ?)

— Ne vous inquiétez pas, les enfants s'adaptent beaucoup mieux que les adultes !!!

Une maman routinière.

— Bonjour, excusez-moi, il y a beaucoup de bouchons à cette heure-ci le matin, serait-il possible de décaler l'heure d'arrivée des enfants ?

(Ou alors, vous pouvez aussi venir à pied.)

Un papa toujours plus ponctuel.

— Pourquoi sommes-nous toujours prévenus au dernier moment des fermetures de cantine pour raison de grève ?
(C'est cela même, le principe de la grève !)
— Nous non plus, nous ne sommes pas au courant à l'avance !
Une maman très perspicace.

— Pourquoi ne pas finir plus tôt le vendredi ? Ce serait tellement plus simple pour l'organisation de nos week-ends !
(Et pourquoi ne pas démarrer la semaine le mardi, tant qu'à faire ?)
Une maman bosseuse.

Maman poule

— Pourriez-vous penser à acheter des coussins pour les chaises des élèves ? Ce serait plus confortable...
(Et des fauteuils massants pour nous avec le crédit investissement.)

— Les exercices incendie effraient les enfants ! Ils font des cauchemars, pourrait-on les supprimer ?
(...)

À la directrice :

— Comment se fait-il que vous ne répondiez pas au téléphone, j'ai essayé de vous appeler pendant vingt minutes pour vous informer de mon retard.

— Quelle heure était-il ?

— 8 h 30.

— Je ne peux pas être au téléphone, c'est pile l'heure à laquelle j'accueille les enfants !

(Désolée, nous n'avons pas le don d'ubiquité.)

Une maman impatiente.

— Pour les anniversaires, est-il possible d'inviter des copains d'autres écoles ?

(Et que dites-vous d'un château gonflable dans la cour ? « Organisatrice d'événements », c'est mon second job !)

Une maman fêtarde.

— Des parents aimeraient avoir à disposition une boîte pour « oser dire » anonymement…

(Ne s'agirait-il pas d'un oxymore ?)

— Une boîte pour les enfants ?

— Non, pour les parents.

Un papa démocratique (ou dégonflé).

— Pour les photos de fratrie, je peux amener son petit frère de 6 mois pour qu'ils soient tous les deux ?

(Et j'y mettrai mon père, ma mère, mes frères et mes sœurs... Oh, oh, ce serait le bonheur !)

— Si vous voulez faire une photo de famille, il faut aller chez un photographe !

Une maman opportuniste.

— Votre bal avec vos danses traditionnelles, on le connaît par cœur ! Pourquoi ne pas proposer une soirée disco, ça changerait !

(Oui, et les instits feront les Claudettes ! « Cette année-là... »*)*

— C'est une soirée pour les enfants, pas pour les parents nostalgiques.

MaMadonna.

— En ce qui concerne la classe verte, les enseignants payent-ils leur voyage ?

(C'est notre travail, nous ne partons pas en vacances...)

— Eh bien non, c'est comme les colonies où les moniteurs sont payés, ils ne partent pas en vacances !

Une maman en quête de justice.

— Pourriez-vous nous expliquer en quoi vos enseignements s'inscrivent dans les axes du projet d'école ? Que vous nous déclinerez brièvement, merci.

(Vais-je être notée à la fin ?)

— Alors, est-ce que vous avez quelques heures devant vous ?

Une maman inspectrice.

CALCUL MENTAL

— Est-ce qu'il serait possible de nous envoyer un SMS le matin quand un enseignant est malade ou absent pour que l'on soit au courant ?

(30 minutes pour récupérer tous les numéros) + (1 minute d'envoi pour chacun des 30 élèves) = 60 minutes (Récréation !!)

— Donc un SMS pour CHAQUE parent ?

Un papa 2.0.

— Nous aimerions que les enseignants préparent à la fin de l'année un petit dossier pour les parents qui partent en vacances au mois de septembre et dont les enfants ne seront pas là à la rentrée...

(Deux heures de préparation, multiplié par 30 élèves = impossible à moins d'avoir une prime !)

— Euh, un petit dossier ???

Un papa exigeant.

— Lors de l'exercice incendie, des enfants se sont retrouvés dehors sans manteau, ce n'est vraiment pas sérieux !

(Deux minutes pour mettre le manteau, multiplié par 30 enfants = 60 minutes : nous avons déjà brûlé !)

— Le but de l'exercice incendie est de sortir de l'établissement avec tout le monde en un temps record, nous n'avons pas le temps de mettre les manteaux, vous pensez bien !

Une maman frileuse.

— Les élèves de Mme Smith sortent toujours vers 16 h 40, soit dix minutes après la sonnerie... La sortie, c'est 16 h 30 et non 16 h 40 !

(10 minutes, multiplié par 4 jours) X 4,5 semaines = 170 minutes par mois d'épargnées)

— La sonnerie indique la fin de la journée scolaire, certains élèves sortent effectivement à 16 h 30, car c'est le minimum, mais certains professeurs estiment que la sonnerie indique la fin des cours et non la sortie.

Un papa pressé.

— Pourquoi refusez-vous de célébrer la fête des mères ? On voit bien que les gens n'ont plus aucune valeur !

(Le collier de nouilles en est une ?)

— La fête des mères n'est pas une valeur de la République.

Une maman traditionaliste.

Le représentant municipal qui se lève au conseil d'école :

— Excusez-moi mais le match Espagne/Italie va commencer, je vais donc vous laisser.

(Moi aussi, j'ai The Voice *qui m'attend, j'adore Florent Pagny !)*

— ...

Indéfectible supporter.

— Qu'est-ce que les enseignants donnent pour la kermesse de l'école ?

(Euh..., de notre temps !)

— On s'occupe des stands, comme vous les parents.

Un papa en quête de justice (nous avons déjà rencontré votre épouse, il me semble...)

— Est-ce qu'il serait possible d'installer des caméras de surveillance à l'entrée de l'école ?

(Qui surveillerait ?)

Un papa vigipirate.

— Une association de parents d'élèves ne pourrait-elle pas faire des tours de surveillance de cour ?

(Payée par crowdfunding *?)*

Une maman qui s'ennuie.

— Est-ce qu'il serait possible d'avoir la raison des arrêts maladie dont bénéficient certains enseignants ?

(Et le secret médical ?)

— ...

Une maman bien curieuse.

— Serait-il possible de faire des classes de niveau à partir de l'année prochaine ? Les parents ne veulent pas que leur enfant devienne complètement idiot.

(Adopter le principe de ségrégation ? Excellente idée !)

— Non, les classes sont hétérogènes, c'est très enrichissant justement pour tous les enfants, et c'est très bien comme ça.

Une maman présomptueuse.

— Sommes-nous obligés de fournir des excuses pour CHAQUE retard ?

(L'apprentissage de la politesse commence avec celle des parents.)

— Non, si ce n'est pas récurrent, mais un « excusez-moi » est un bon début...

Un pa-pas poli.

— Je refuse que mon fils soit dans la classe de Mme Dupont, avec ses quatre enfants en bas âge, elle va être absente au moindre souci de santé !

(Moi aussi d'ailleurs, je suis enceinte.)

Une maman très optimiste.

— Pourquoi, quand un parent est en retard, l'enfant est-il emmené à la garderie ? C'est cher, la garderie, l'enseignant ne peut pas le garder un peu ?

(Il n'y a pas de petites économies !)

— ...

Un papa radin.

— Pourriez-vous priver les enfants violents de récréation ?

(Et les enfants maladroits, de peinture ?)

— Non, c'est totalement interdit, tous les enfants ont besoin de sortir s'aérer.

Un papa excessif.

— Certaines ATSEM[1] fument sur le trottoir, c'est inadmissible, en tant que directrice, de laisser faire ça.

(Le tabac nuit gravement aux relations parents-enseignants.)

— Je vais leur en parler, mais sans rien vous promettre : le trottoir n'appartient pas à l'école !

Une maman écolo.

1. « Agent territorial spécialisé des écoles maternelles », son rôle est d'apporter une assistance technique et éducative à l'enseignant.

EN CONSEIL D'ÉCOLE...

Maman poule

— Il faut cesser l'élevage d'animaux dans les classes : après la mort du poisson rouge le mois dernier, les enfants ont fait des cauchemars !

(C'est la vie ! Enfin... la mort...)

— Nous n'allons pas enfermer les enfants dans un bocal...

— Alors moi, en tant que parent-représentant, j'aimerais que l'on parle du périscolaire. À la garderie du matin, les enfants ne font QUE dessiner ! C'est anormal ! Que comptez-vous faire ?

(Pas content, pas content, pas content !)

— Le périscolaire est géré par la mairie, mais nous pouvons leur parler, bien sûr, de votre mécontentement...

Un pa-pas content.

— Je ne comprends pas pourquoi un enfant doit être propre pour entrer à l'école ?

(Question existentielle.)

— Cela ne fait toujours pas partie de la formation des enseignants d'apprendre à changer les couches.

Une maman qui n'a pas tout compris.

— La classe de Mme Dupont n'a fait que deux sorties scolaires cette année, mon fils n'est donc sorti que deux fois, c'est un peu léger...

(Il faut qu'il sorte un peu plus le week-end...)

— J'en suis désolée, mais les sorties ne sont pas une obligation, chaque enseignant est libre de ses choix pédagogiques.

Un papa casanier.

— L'inspectrice nous avait promis que l'enseignante Mme Durant ne reprendrait pas son poste, or nous avons appris qu'elle était encore titulaire de ce poste ! Pouvez-vous nous assurer au moins qu'elle ne reviendra jamais dans notre école ?

(Volontaire pour être embauchée à l'Inspection ?)

— Nous ne pouvons rien vous promettre, ce n'est pas à nous de décider si telle ou telle collègue est apte à reprendre sa classe, fort heureusement !

Une maman décidée.

— Vous ne pouvez pas faire en sorte de mettre les « créneaux piscine » quand il commence à faire chaud, plutôt qu'au mois de décembre ?

(Les enfants ne sont pas en sucre...)

— Vous savez que la gestion des « créneaux piscine » est très compliquée, il y a cent cinquante écoles dans notre ville...

Une maman en hibernation.

À LA CANTINE...

— Mon fils était inscrit à la cantine aujourd'hui, mais finalement il ne mangera pas. Serait-il possible de lui garder son repas pour demain ?

(Astuce anti-gaspi.)

— ...

Une maman écolo... ou économe !

— Les frites de la cantine sont-elles « faites maison » ?

(Bien sûr, et chaque patate est épluchée avec amour !)

Une maman réaliste.

— Excusez-moi, madame, je voulais vous voir car votre enfant ne mange rien à la cantine et cela depuis la rentrée...

— Ah oui, mais ne vous inquiétez pas, il ne mange rien non plus à la maison...

(On n'est pas rendu.)

Une maman cohérente.

— Excusez-moi, je trouve qu'il y a beaucoup trop de légumes servis à la cantine, d'ailleurs je n'en fais jamais à la maison car personne n'aime ça...

(« Cinq fruits et légumes par jour », qui a osé dire cela, déjà ?)

— Oui, c'est intéressant, mais les repas de la cantine sont équilibrés.

Une maman logique.

— Ma fille peut-elle manger seule à la cantine ? Elle me dit que ses voisins mangent salement.

(L'apprentissage de la vie en collectivité commence dès l'école...)

Une maman très propre.

— J'ai remarqué que le déjeuner de la cantine n'est pas toujours équilibré, qu'en pensez-vous ?

(Comment dire...)

— La cantine propose des menus variés qui répondent aux besoins des enfants. Mais d'ailleurs, puisqu'on en parle, ce n'est pas votre fils qui m'a dit qu'il ne déjeunait pas le matin... ?

Un papa journaliste.

Maman poule

— Serait-il possible de couper les aliments de mon enfant en très petits morceaux à la cantine ?

(J'ai acheté un robot mixeur avec l'argent de la coopérative afin de faciliter l'absorption et la digestion, comme cela, à 15 ans, vous pourrez commencer les morceaux.)

— Ah non, ce n'est pas possible, l'autonomie fait partie des apprentissages. Nous les aidons évidemment si cela est difficile, mais ne le faisons pas à leur place.

— Bonjour, je ne sais pas si je vais continuer à laisser ma fille à la cantine, je ne suis pas tranquille, elle doit se débrouiller toute seule... même avec un couteau...

(Il y a un début à tout !)

— Mon enfant a trouvé une arête dans son poisson, pourriez-vous faire attention ?

(Arrête ! Et des pépins dans son raisin ?)

— Vous savez, c'est assez courant de retrouver des arêtes dans le poisson...

Un papa perche (perché).

— Excusez-moi, ma fille est végétarienne, pourrait-on arrêter de lui donner de la viande.

(...)

— Votre fille a 3 ans...

Une maman L214.

VEGAN

— Bonjour, j'aimerais retirer mon fils de la cantine…

— Ah bon ? Pour quelles raisons ?

— D'après lui, il y a une dame qui crie… Donc, soit elle change d'école, soit je retire mon fils…

(Cela ressemble à un ultimatum !)

— Nous pourrions peut-être trouver ensemble une solution intermédiaire…

Une maman dure en affaires.

— Les menus sont prétendument faits par des diététiciens, mais trois menus sur quatre cette semaine comportaient des féculents...

(Des féculents à chaque repas, jusque-là, tout va bien !)

— Un menu équilibré doit comporter des féculents, vous avez dû remarquer que les légumes étaient servis en entrée et les fruits en dessert, donc...

Une maman attentive.

— Nous trouvons qu'il y a beaucoup trop de légumes à la cantine, ce n'est pas équilibré ; d'ailleurs, à midi, il y avait encore des patates !

(Je ne sais que dire...)

— Euh..., vous savez que les pommes de terre ne sont pas des légumes, monsieur ?

Un papa ignorant.

Couple séparé, maman végétarienne :

— Serait-il possible de ne pas dire à ma femme que notre fille a mangé de la viande à la cantine ? Nous sommes séparés et c'est ma semaine de garde…

(« Ce qui est viande pour l'un est poisson pour l'autre. » *Proverbe africain.*)

Un pa-pas vaillant.

Atelier des cinq sens

LE TOUCHER

— Serait-il possible d'enlever les pépins dans le raisin, car ma fille n'aime pas ça.

(Service 3 étoiles au self !)

Une maman chef.

LE GOÛT

— Apparemment, les brocolis étaient très forts en goût hier à la cantine.

(C'est la particularité des brocolis, ça a du goût...)

— Mieux vaut du goût que pas de goût !

Une maman agueusique.

L'OUÏE

— Ma fille se plaint du bruit à la cantine, les enfants ne pourraient-ils pas manger en silence ?

(Bienvenue au monastère !)

Une maman hyperacousique.

LA VUE

— Je viens vous voir car cela fait plusieurs fois que la cantine fait les mêmes repas que moi le soir, ce n'est pas très équilibré pour l'enfant tout ça…

(…)

— Euh… oui…, c'est pourquoi les menus sont affichés à l'entrée de l'école…

Une maman à contresens.

L'ODORAT

— Apparemment, les enfants seraient gênés par les odeurs de friture, est-ce normal ?

(Quand on fait la cuisine, oui...)

— Les repas sont préparés sur place et nous avons de bons systèmes de ventilation...

Une maman nez.

— Excusez-moi, mais mon fils hier à la cantine a mangé un repas froid... Pouvez-vous m'expliquer pourquoi ?

— Oui bien sûr, le personnel de cantine était en grève, nous avons donc proposé un repas pique-nique aux enfants. Mais vous étiez au courant ?

— Oui je l'étais, mais enfin bon, vous auriez pu au moins, vous, faire la cuisine !

(Instit multicasquettes : changer les couches, organisatrice de fêtes, cuisinière... Quel métier varié !)

Une maman gonflée.

— Excusez-moi, y a-t-il assez de places assises pour tout le monde dans la cantine ? Hier, mon fils m'a dit qu'il était resté debout...

(Oui, on fait un roulement...)

— Ah oui, mais en fait votre fils ne vous a pas dit qu'il a été puni et qu'effectivement il est resté cinq minutes debout...

Une maman ignorante.

— Je me permets de vous poser une question par rapport à l'eau qui aurait un goût bizarre, d'où vient-elle ?

(C'est Blanche-Neige qui, accompagnée de Cosette, va la puiser tous les jours.)

— C'est... l'eau du robinet.

Une maman enquêtrice.

BLANCHE

Maman poule

— Serait-il possible d'indiquer dans les menus si c'est un fromage à pâte dure ou à pâte molle ?

(L'art de la précision.)

— Pour quelle raison ?

— Car ma fille a encore du mal à mâcher, ce serait donc bien de le savoir.

(On ne va quand même pas en faire un fromage…)

— Mon enfant pourrait-il entrer le premier à la cantine car en ce moment, il fait froid dehors.

(Tapis rouge...)

— Il fait froid pour les autres aussi, on ne peut pas faire de différence.

— Y en a marre ! À chaque fois que mon fils demande à quelqu'un de lui couper sa viande, on lui dit non ! Il va falloir que ça change... !!!

(Craquage.)

— Euh, bonjour madame. Il est vrai que l'on ne peut pas couper la viande de tout le monde ; de temps en temps, nous pouvons le faire, mais si votre fils le demande tous les jours, ce n'est pas possible non plus, vous pouvez le comprendre.

Une maman intransigeante.

— Comment se fait-il que je doive préparer le pique-nique de ma fille pour la sortie alors que je paye la cantine ??? C'est à la cantine de lui préparer !!!

(Ne vous énervez pas...)

— Toute la classe est en sortie scolaire, le repas de cantine ne vous est pas décompté ce jour-là...

Une maman avare.

— Bonjour, pourriez-vous demander au cuisinier qu'il mette plus de sauce dans les aliments pour que mon fils mange plus. Comme cela, il ne sentira pas le goût des aliments. Pour 4,80 euros, je veux qu'il mange tout.

(Et à combien estimez-vous sa santé ?)

— Ce n'est pas possible, madame, les repas sont pensés par une nutritionniste, ils sont faits en fonction des apports qu'un enfant doit recevoir.

Une maman désintéressée.

— Excusez-moi, mais j'aimerais bien que vous forciez mon fils à manger toute son assiette à la cantine. Quand j'étais petit, moi, on me forçait et maintenant je mange de tout ! À la maison, je le laisse trois heures devant son assiette, tant pis !

(Nous prendrons un entonnoir, parce que nous n'avons que 30 minutes...)

— Nous ne forçons pas un enfant qui ne veut pas manger ou qui n'a plus faim, nous l'éduquons au goût, nous ne faisons pas de gavage industriel.

Un papa conserv-ateur.

Maman poule

— Bonjour, serait-il possible que les dames de cantine séparent les légumes des féculents lorsqu'ils sont servis ensemble car, mélangés parfois, les enfants ne reconnaissent pas l'aliment qu'ils mangent ?

— Non madame, ce n'est pas possible, vous imaginez, il y a tellement d'enfants qui mangent à la cantine...

— Non, mais au moins dans l'assiette du mien...

(Qui ne tente rien n'a rien !)

LES SORTIES SCOLAIRES...

— Je ne suis pas contente, je viens d'apprendre que vous avez confisqué l'argent de poche de mon fils pendant le voyage...

— Oui c'est vrai, nous avions demandé vingt euros par enfant et vous lui en avez donné soixante, avec la consigne de ne pas nous le dire...

Une maman cachottière.

— Peut-on donner un peu d'argent aux enfants pour aller au *fast-food* si la nourriture n'est pas bonne ?

(Aucun souci, on les enverra au McDo du coin !)

Une maman healthy.

— Bonjour, je voulais vous dire que j'autorise mon fils à utiliser son portable pendant le voyage de découverte, quoique vous puissiez dire... !
(Au moins c'est clair.)
Une maman autoritaire.

— Excusez-moi, maîtresse, mais j'ai un enfant qui s'est égaré dans le musée...
— Quoi ? Mais vous n'aviez que deux enfants à surveiller ????
— Je suis désolée, je vous attends ici, je n'ai pas encore vu cette partie du musée...
(Ah d'accord, j'ai compris...)
Une maman responsable.

— Bonjour, j'ai vu que je n'avais pas été tirée au sort pour la sortie scolaire, le problème est que j'ai déjà posé ma journée, que comptez-vous faire ?
— Oh navrée, mais le principe du tirage au sort, c'est que l'on ne peut être sûr !
(CQFD !)

La même maman trois mois plus tard :
— J'ai vu que j'avais été tirée au sort pour la prochaine sortie, désolée, j'ai un imprévu, je ne pourrai pas accompagner la classe.
— …

Une maman rancunière.

— Madame, vous ne m'avez pas dit si vous me preniez pour accompagner lors de la sortie...

— Mais si ! Vous avez eu le mot...

— Oui, mais si je n'avais pas lu ce mot, je n'aurais pas su que je venais. Vous ne me l'avez pas DIT...

(Je penserai à vous envoyer une invitation personnelle.)

Une maman pointilleuse.

— Excusez-moi, madame, mais vous ne pouvez-pas téléphoner pendant la sortie scolaire...

— Et c'est marqué où ?

— C'est marqué nulle part, c'est juste du bon sens..., vous êtes ici pour surveiller les élèves.

(Et moi, je dois surveiller les parents...)

Une maman insolente.

— Excusez-moi, monsieur, mais vous ne pouvez pas fumer pendant la sortie scolaire devant les élèves.

— Ah bon, pourquoi ?

(Fumer nuirait-il aussi à la jugeote ?)

— C'est toujours du bon sens, monsieur...

Un pa-pas gêné.

— Excusez-moi, maîtresse, le petit Augustin a son nez qui coule, pourriez-vous le moucher ?

(Vous ne pouvez pas ?)

— Eh oui, pas toujours que des bons côtés que de s'occuper d'enfants, voilà un paquet de mouchoirs, merci !

Une maman un peu précieuse.

— Allo bonjour, je vous téléphone car votre fils n'a pas son pique-nique pour la sortie d'aujourd'hui, nous partons dans dix minutes...

— Ah mince, j'ai oublié ! Vous ne pouvez pas partager le pique-nique des autres enfants ?

(Certainement, nous n'allons pas le laisser mourir de faim...)

— ...

Un papa solidaire.

— Est-ce qu'il serait possible de faire vos sorties plutôt le vendredi, car je ne travaille pas... ?

(Les sorties ne sont pas organisées pour les parents...)

— ...

Une maman culture.

— Excusez-moi, monsieur, mais je crois que vous n'étiez pas sur la liste des accompagnateurs...

— Ah bon ? Pourtant je me suis inscrit !

(...)

Un papa attentif à mes explications.

— Maîtresse, vous m'avez sélectionné pour cette sortie, mais je l'ai déjà faite !

(Vous voulez le programme ?)

— Écoutez, je ne peux pas savoir qui a fait telle sortie ou pas ! Vous vous inscrivez pour accompagner la classe, pas pour faire votre sortie mensuelle...

Un papa touriste.

— Je voulais vous dire que je me suis inscrit pour la sortie de vendredi ...

— D'accord !

— Donc, c'est bon je viens.

(Il n'est pire sourd que celui qui ne veut pas entendre...)

— Mais il ne suffit pas de vous inscrire pour venir, il y a un tirage au sort.

Un papa impliqué.

Maman poule

— Pourquoi le pique-nique de mon fils est-il revenu intact ?

— Écoutez, ce n'était pas un repas « pique-nique », c'était un bœuf bourguignon... Mais, pas d'inquiétude, il a mangé, nous avons partagé !

(Idem pour la pizza entière et le saucisse-purée sans couverts...)

— Pourrez-vous lui lire son histoire préférée le soir ?

(Si on doit le faire pour chacun des enfants, nous serons certainement endormies avant eux...)

— ...

— Mon fils vous a fait un dessin, il adoooore sa maîtresse... Au fait, vous avez choisi la personne qui vous accompagnerait pour la sortie ?

— Non, pas encore, je vais effectuer un tirage au sort car il y a trop de volontaires, merci pour le dessin !

(Game over *!)*

Un papa charmeur.

— J'voudrais savoir pourquoi chui jamais prise pour les sorties ?

— Bonjour. D'abord, je suis désolée mais il y a toujours beaucoup de monde pour les sorties, je fais donc des tirages au sort...

— Oh ben, c'est con, ça !!!

(Regrettable, en effet.)

Une maman éloquente.

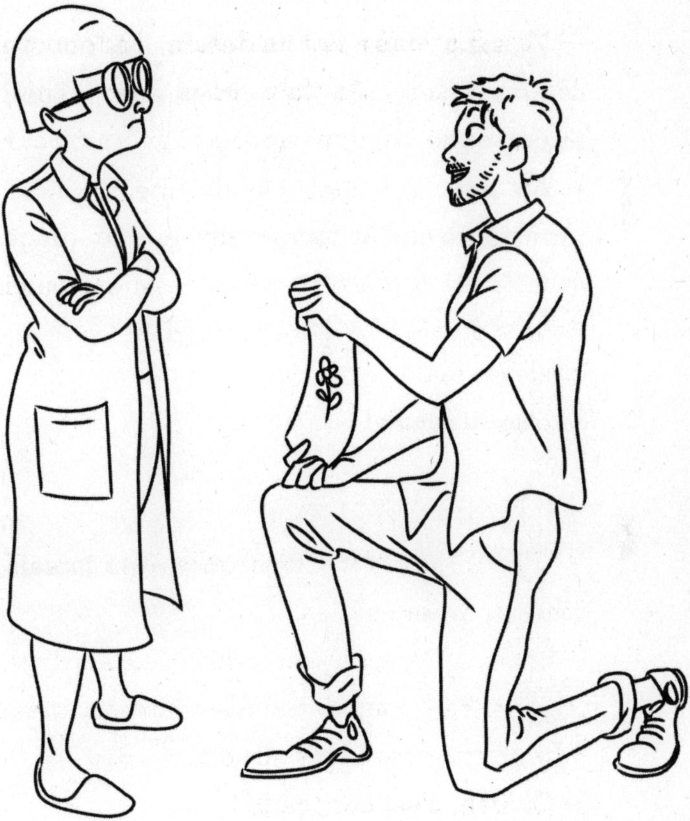

— Monsieur, vous avez envoyé des SMS toute la matinée alors que vous deviez surveiller les enfants...

— Ah désolé ! Mais j'avais une réunion importante que je devais suivre.

(Personne ne vous a obligé à venir...)

— Je peux comprendre, mais vous êtes là pour les élèves et non pour vos collaborateurs.

Un papa multitâche.

— Vous vous rappelez, maîtresse, que je vous ai accompagné pour la sortie de Noël quand vous n'aviez personne…

— Oui, c'est vrai…

— Vous avez déjà choisi les accompagnateurs pour le parc d'attractions ?

(Bien joué !)

— …

Un papa qui ne perd pas le nord !

— Madame, vous lisez votre journal dans le tram…

— Et ?

— … et un enfant de votre groupe grimpe sur les sièges et joue dans les marches…

— Ah, je n'avais pas vu…

(Oui, c'est bien ça…)

Une maman aux aguets.

— Excusez-moi, je sais que vous ne travaillez pas, pouvez-vous nous accompagner en sortie dans les marais ?

— Ah non, désolée, mais cette sortie ne m'intéresse pas.

— Mais je n'ai pas assez de personnes et je vais être obligée d'annuler la sortie.

— Non, vraiment, je n'ai pas envie.

(Au moins, ça a le mérite d'être clair !)

Une maman nature peinture.

— Excusez-moi, madame, mais nous sortons en forêt...

(Les talons aiguilles ne sont peut-être pas appropriés.)

— Ah pardon, je ne savais pas !

Une maman élégante.

— Excusez-moi, madame, mais vous ne pouvez pas tirer votre lait, là, devant les enfants, pour le donner à votre fils. Je vous demande donc d'arrêter cela.

— Mais je ne vois pas pourquoi ! Tirer son lait est très naturel et je peux aussi l'expliquer aux enfants !

(Trop naturel, vous ne croyez pas ?)

— L'endroit n'est peut-être pas très approprié...

Une maman hippie.

Papa poule

— Bonjour, je peux vous donner le pot de mon fils pour aller à la ferme... ?

(Oui, dès qu'il aura envie, je l'installerai au milieu du champ avec les vaches...)

— Euh merci, mais il y a des toilettes, ça va aller...

Lors de la sortie en vélo :

— N'aurait-il pas été possible de mettre un camion réfrigéré à disposition pour embarquer les sacs à dos avec les pique-niques ?

(Avec un congélateur pour les glaçons de l'apéro ?)

— Quelle bonne idée ! Vous en avez un à disposition ?

Un pa-pas possible.

— Les enfants pourront-ils emporter des jeux vidéo s'ils s'ennuient ?

(Il ne manquerait plus que ça…)

— Cela fait des mois que nous travaillons en classe sur le projet, il n'y a pas de raison qu'ils s'ennuient.

Un papa gameur.

— Quand allez-vous leur faire prendre le car ?

— Mais nous avons déjà fait plusieurs sorties depuis la rentrée : nous sommes allés au musée, au théâtre, au cinéma. Les élèves ont participé à la course d'orientation et il va y avoir les rencontres d'athlétisme... Et les sorties pleine nature...

— Oui mais... tout ça, c'était à pied. Quand vont-ils prendre le car ?

— Vous avez une idée de sortie, peut-être ?

— Non. Je veux juste savoir quand vous allez leur faire prendre le car.

(C'est donc une idée fixe...)

Un papa persévérant.

— Pouvez-vous nous envoyer un SMS lorsque vous arriverez, car le temps qu'on vienne…

— Eh bien…, vous connaissez notre heure d'arrivée. Si nous sommes un peu en retard, vous attendrez un peu, ce n'est pas bien grave.

Une maman ultra connectée (et qui n'aime pas attendre).

— Je ne comprends pas, maîtresse, pourquoi vous ne pouvez pas emmener mon fils en sortie jeudi ?

— Parce qu'il a un plâtre et que je ne peux pas le porter toute la journée. Nous allons dans un zoo, nous allons beaucoup marcher.

— Je ne vois pas où est le problème, il peut marcher avec ses béquilles.

(Mais où avais-je donc la tête ?!)

— …

Un pa-pas poule.

— Mon fils n'a pas envie d'aller à la piscine ce matin, il est fatigué, pouvez-vous le laisser dans une autre classe ?

(Je vais l'échanger avec un élève plus en forme dans une autre classe, d'accord...)

— ...

Une maman échangiste.

— Excusez-moi, maîtresse, pourriez-vous m'expliquer l'intérêt d'une sortie à la bibliothèque ???

— Oui, il s'agit d'une sortie culturelle, pour donner aux enfants le goût et le plaisir de lire.

— Ah...

(Plaisir qui, visiblement, n'est pas partagé de tous...)

Un pa-pas compris.

— Je n'ai pas réussi à faire garder mon bébé pour la sortie, je vais être obligée de l'emmener…

(Et votre chien, il faut qu'on l'emmène aussi ou… ?)

— Ah non, ce n'est pas possible, madame, vous n'allez pas pouvoir vous occuper des autres enfants si vous avez votre bébé.

Une maman démunie.

— Est-ce qu'il y aura beaucoup de visites durant la semaine, ils ne vont pas trop se fatiguer ???

— Oui, c'est le principe des classes vertes, on fait des activités ensemble, on partage des moments dans un contexte différent de celui de l'école, ce séjour est préparé avec les enfants et nous préparons aussi les visites.

(Sinon, on les laissera au lit !)

Un papa fatigué.

— J'ai vu que vous aviez encore prévu une sortie à la ferme, mais mon fils y est déjà allé l'année dernière avec sa maîtresse de petite section.

(Vous aussi, vous désirez le programme ?)

— C'est une sortie près de chez nous, que les enfants adorent, et même un an après ils sont heureux de retrouver les animaux.

Une maman fatigante.

— Pourquoi annulez-vous la sortie plage ?

— Il tombe des cordes, madame.

— Mais si vous avez demandé des bottes et un K-way, c'est bien pour la pluie, non ?

— Oui, pour les petites gouttes et les flaques d'eau, mais pas pour ce temps-là !

(I'm singing in the rain...)

Une maman « pas poule ».

DANS LA COUR...

— Ma fille est tombée hier dans la cour, elle s'est écorché le genou, vous n'avez jamais pensé à poser de la moquette partout ?

— ...

(Bien sûr que si, mais nous n'avons pas encore trouvé la couleur qui irait le mieux avec les murs !)

Maman D&CO.

— Que comptez-vous faire pour protéger nos enfants des fientes d'oiseau, il y a quand même la grippe aviaire ?

(On n'est jamais trop prudent !)

— Hum..., vous avez une idée ? Que faites-vous dans votre jardin et lorsque vous vous promenez ?

Un papa préventif.

— Je viens vous voir car je suis très en colère. Ma fille se fait racketter dans la cour de l'école, il faut que cela cesse ! Que comptez-vous faire ?

— Ah bon, que lui est-il arrivé ?

— Une petite fille lui a demandé un bonbon, sinon elle ne serait plus sa copine.

— Ah oui, quand même...

(Chantage gourmand.)

Une maman excessive.

— Excusez-moi, maîtresse, mais ma fille est tombée hier en récréation, il n'y avait pas de surveillance ?

— Si monsieur, d'ailleurs, nous l'avons vue tomber, mais elle était à l'autre bout de la cour... et je ne cours pas assez vite.

(Mon costume de Wonder Woman *étant resté à la maison, je n'ai pas pu plonger à temps pour amortir le choc...)*

Un Super Papa.

— Ma fille a fait sa comédie pour mettre sa robe blanche aujourd'hui et, comme il fait beau, j'ai dit oui ; en revanche, vous pouvez surveiller qu'elle reste assise sur le banc en récréation pour ne pas se salir ?!

(Et demain, vous lui mettrez à nouveau son jean rose pâle si peu salissant ?)

— Je suis désolée, madame, je ne peux pas lui demander de rester assise pendant toute la récréation, il faut réserver ces tenues pour le week-end !

Une maman princesse.

Bourreau d'enfants

— Il paraît que les enfants n'ont pas le droit de se laver les mains après être allés aux toilettes ?

(Oui, quand ils vont se laver les mains, on les fouette...)

— Ah non, bien au contraire ! Vous n'avez pas compris... !

Un pa-pas certain.

— Excusez-moi, je ne comprends pas pourquoi les sandales ne sont pas acceptées dans cette école ! Vous vous rendez compte, mettre les pieds par cette chaleur dans des chaussures fermées...

— Écoutez, il est dangereux d'avoir des sandales en cour de récréation pour la simple et bonne raison qu'il y a des vélos et se faire rouler sur les pieds peut être radical pour les orteils.

— Oui, enfin, les enfants n'ont qu'à faire attention à l'endroit où ils roulent...

Une maman rebelle.

— Pourquoi laissez-vous les enfants sous la pluie aux récréations ? Ils sont trempés... ; les enseignants restent-ils eux aussi sous la pluie ?

(Nous faisons des expériences sur la dissolution, mais cela ne marche pas, les enfants ne sont pas en sucre...)

— Oui, tout le monde est dehors, un peu de pluie n'a jamais fait de mal à personne.

Un pa-parapluie.

— Si la petite Lola pique encore le goûter de mon fils à la récré, je lui pète la gue* !!!!**
(« La violence ne résout rien », c'est ce que l'on apprend aux enfants, non ?)
— Calmez-vous, madame, vous n'allez pas vous en prendre à une enfant ! Laissez-nous régler le problème…
Une maman bagarreuse.

— Comment se fait-il que vous n'autorisiez pas mon fils à mettre ses chaussures à crampons pendant la récréation alors qu'ils ont le droit de jouer au foot ?
(Je me porte volontaire pour être pom-pom girl !)
— C'est une cour de récréation, madame c'est du goudron et non un stade de foot avec de l'herbe…
Une maman supporter.

— Pourriez-vous empêcher le petit Enzo de jouer avec mon fils à la récréation, s'il vous plaît, il vient faire le sot à la sortie avec lui et sa grand-mère le laisse faire...

(...)

— Mais madame, on n'empêche pas les enfants de jouer ensemble !

Une maman sélective.

— Bonjour, je ne comprends pas, mon enfant rentre toujours sale de l'école...

(Vous l'habillez toujours en blanc...)

— Avec toutes les activités que nous faisons, il est difficile de rester propre, mais je vous suggère de choisir autre chose qu'un pantalon blanc pour l'école !

Une maman K2R.

— Bonjour, comment se fait-il que mon fils soit rentré avec une bosse hier et qu'on ne soit pas au courant ?

(Je vais passer de la pommade..., mais pas pour la bosse...)

— Je ne sais pas non plus, je n'ai pas remarqué cette bosse, il doit vraiment avoir la tête dure car il ne s'est pas plaint... Vous avez vraiment de la chance d'avoir un petit garçon courageux... !!!

Une maman mécontente.

— Nous avons appris que le Père Noël était dans la cour de récréation hier ?

— Oui, c'est exact.

— Nous aimerions dorénavant être au courant de ces manifestations afin d'être présents aux côtés de nos enfants.

— C'est sur le temps scolaire ! Nous ne sommes pas obligés de vous convier.

(Et vive l'esprit de Noël !)

Un Papa-Noël.

Maman poule

— Serait-il possible, l'année prochaine, de couper les arbres de la cour ? Cela aurait pu éviter l'éraflure sur la joue de ma fille...

(Solution radicale)

— ... ????

— Vous pouvez garder mon enfant à l'intérieur pendant les récréations, car il a froid aux oreilles dehors.

— Toutes les maîtresses sont de service, je ne peux pas le garder. Pourquoi ne lui mettez-vous pas un bonnet ?

— Car à chaque fois, vous me le rendez sans son bonnet.

— Vous écrivez le prénom derrière ?

— Non, je n'ai pas le temps…

(On salue tout de même l'effort.)

À LA PORTE DE LA CLASSE...

— Bonjour madame, c'est mon mari qui viendra au rendez-vous ce soir, il vous aime bien et vous trouve charmante…

— Mais madame, ce n'est pas un *date*, c'est un entretien avec les parents pour discuter des apprentissages de votre enfant…

(Pas un speed dating *!)*

Une maman entremetteuse : « Faites une rencontre dans votre région ! »

Au téléphone :

— Bonjour, je vous appelle car j'aimerais parler à ma fille ?

— Pour quel motif ?

— J'aimerais savoir où elle a rangé la sauce tomate pour les pâtes à midi.

(Pourquoi ne pas faire des pâtes au beurre ?)

Une maman « seule au monde ».

À LA PORTE DE LA CLASSE…

— Excusez-moi, monsieur, je ne peux pas évaluer votre fils en langage oral, je ne sais même pas s'il sait parler puisqu'il ne m'adresse jamais la parole. Vous me dites que si, alors j'aimerais qu'on en parle…

— Oh ne vous inquiétez pas, moi-même, je n'ai pas parlé avant 6 ans !

Un papa cool (trop ?)

— Bonjour Ysée, comment vas-tu ? Que fais-tu avec ce cahier ?

— Maman me l'a donné pour que je travaille quand les autres vont jouer, elle a dit que l'école, c'est fait pour travailler et seulement pour travailler.

(…)

Une maman « working girl ».

— Merci beaucoup pour votre cadeau, un rouge à lèvres, c'est très original…

— Oui, justement, avec mon mari on trouvait que vous étiez fade, vous faisiez un peu malade…

(Merci…)

Des parents attentionnés.

La nounou :

— Ça a été, Amina, ce matin ?

— Oui, pourquoi ?

— Sa maman m'a dit qu'elle avait 40 °C de fièvre en se levant…

— Ah bon ! Elle ne s'est plainte de rien ! Il faudrait dire à la maman, dans ce cas, qu'elle ne la mette pas à l'école !

(Saturday night fever !)

Une nounou rapporteuse.

— Allo, bonjour madame, votre fille a vomi trois fois, quelqu'un peut-il venir la chercher ?

— Oui, on doit venir à quelle heure, madame ?

(Hum... pas avant trois ou quatre heures, le temps qu'elle se vide...)

— Eh bien, je vous propose..., dès que vous pouvez bien sûr !

(Ho'oponopono attitude)

Une maman dé-ten-due.

À 8 h 30 du matin, un enfant vomit à son entrée en classe (malade déjà la veille, parents prévenus), il a les yeux brillants et sa température prise par l'ATSEM est de 38,8 °C...

— Allo madame, votre fils vient de vomir en rentrant en classe et comme il semblait fiévreux, nous avons pris sa température et il a 38,8 °C ...

— Ah bon, c'est bizarre, cette nuit ça a été et ce matin il pétait le feu !

(Mauvaise foi quand tu nous tiens...)

Une ma-menteuse.

— Madame, mon fils n'arrête pas de dire des gros mots depuis qu'il est dans votre classe. Je lui ai dit : « Ça fait cassos' »... et ça me fout la honte !

(C'est bien connu, les chiens ne font pas les chats !)

— Ah, vous savez, on ne peut pas toujours empêcher les enfants de répéter ce qu'ils entendent, on leur dit que ce n'est pas joli et qu'il ne faut pas le redire...

Une maman « très » nature.

— Maîtresse, pourriez-vous arrêter d'enlever le pull de ma fille car hier elle l'a oublié à l'école...
— Oui, pas de souci..., mais vous savez, l'après-midi, il fait 25 °C.
Une maman frileuse.

— Vous me dites, maîtresse, que mon enfant est très agité en classe, mais moi, je pense qu'il s'ennuie et qu'il est précoce...
(Et moi, je pense qu'il est juste insupportable...)
— Je n'ai pas remarqué, mais je vais être vigilante et vous recontacte...
Un papa clairvoyant.

— Bonjour, j'ai lu à mon fils le livre qu'il a rapporté à la maison, *Le Prince de Motordu*, mais certains passages sont incompréhensibles, il faudrait peut-être le signaler ?

— Oui effectivement, c'est l'histoire d'un prince qui tord les mots ou qui les remplace par d'autres. Il va dans une école pour apprendre à parler normalement...

(Heureusement que l'on peut compter sur l'œil averti de certains parents !)

Une maman perspicace.

À propos d'un enfant qui n'obéit pas :
— Mais madame, vous pouvez le taper, mon fils !
(...)
— Euh..., non, monsieur !
— Mais si ! Je suis d'accord !
Un pa-pas gentil !

— Bonjour madame, votre fille vient régulièrement sans culotte à l'école, ce n'est pas très hygiénique...
(Pas très conventionnel non plus...)
— Oui je sais, excusez-moi, mais nous avons un problème, elle ne veut pas porter de culotte !
(Sharon, sort de ce corps !)
Une maman « Basic ».

— Comment se fait-il que mon fils soit rentré avec des chaussons hier soir ?

— Euh, ce sont les mêmes chaussons qu'il portait hier matin en arrivant à l'école !

(Allo la Lune ? Ici la Terre !)

Un papa E-T.

— Maîtresse, je récupère ma fille décoiffée tous les soirs, pourriez-vous éviter de la décoiffer ou essayer de la recoiffer ?

(Changement de casquette...)

— Oui, je vais réfléchir à vos deux propositions.

Une maman « tirée à 4 épingles ».

— Bonjour madame, je suis désolée, j'ai oublié de vous donner les fruits ce matin pour la salade de fruits, donc je vous les donne ce soir.

(« Salade de fruits les enfants ce soir ! »)

— Eh bien d'accord, mais ce sont les vacances, là ! Dans deux semaines, ils seront pourris, ces fruits...

Une ma-mandarine.

— Bonsoir... [silence]

— Oui, bonsoir

— ...

— Oui...Vous êtes ?

— Ben, le papa de Thomas !!!!!!

(Ah mais oui ! La ressemblance est frappante..., blond aux yeux bleus, petit garçon brun aux yeux noirs...)

— Excusez-moi, monsieur, c'est la première fois que je vous vois, enchantée...

Un papa facteur.

— Bonsoir, le petit Joffrey a mordu mon fils hier, est-ce que je pourrais le voir ?

(...)

— Ah non, c'est impossible, vous n'avez pas le droit. J'ai réglé moi-même le problème hier entre les deux enfants.

Un papa médiateur social.

— Bonjour, comme j'ai donné quinze euros pour la coopérative de l'école, serait-il possible de racheter des baskets à ma fille pour la motricité ?

(Et bienvenue chez Ventes Privées !)

— Je pense que je n'aurai pas assez de quinze euros et, en plus, la coopérative ne sert pas à ça !

Une maman qui veut la monnaie de sa pièce.

— Ça fait quatre mois que ma fille me parle de collage de gommettes, vous ne pensez pas qu'au bout de quatre mois elle sait les coller ?

— Oh oui bien sûr, elle sait les coller. Vous savez, en maternelle, on utilise les gommettes pour travailler beaucoup de compétences ; les enfants commencent seulement à tenir un crayon, la gommette permet de laisser une trace, ce n'est pas seulement décoller/coller une gommette. On peut les utiliser pour dénombrer, se repérer dans l'espace, manipuler, etc.

Un papa bien ambitieux.

Maman poule

— Mon fils s'est cassé le poignet et ne peut plus écrire pour l'instant, serait-il possible que je reste avec lui en classe pour écrire à sa place ?

(Et pour terminer son reste d'épinards à la cantine également ?)

— Non, c'est interdit, madame.

— Pardon madame, mais mon fils, depuis qu'il est à l'école, est souvent malade...

— Oui, c'est vrai, l'école est une collectivité, les enfants vivent ensemble et malheureusement, parfois, partagent tout...

(Personnellement, j'en suis à quatre rhumes et trois gastro...)

— Bonsoir, je ne veux pas que mon fils rapporte le livre de la classe à la maison pour le lire, il ne prend pas soin de ses affaires, d'ailleurs je n'achète jamais de livres…

(Tout s'explique…)

— Écoutez, ça n'est pas grave si le livre revient abîmé, la coopérative est là pour ça, mais je tiens à ce qu'il le prenne, les enfants l'emportent chacun leur tour. Il ne comprendrait pas pourquoi lui ne le ferait pas, et puis cela peut être un bon exercice, c'est le livre de la classe je pense qu'il fera plus attention.

Une maman précautionneuse.

— Excusez-moi, nous sommes obligés de mettre notre enfant à l'école le mercredi ?
— Bien sûr ! L'école est obligatoire ! Vous avez inscrit votre enfant, ce n'est pas un service à la carte.
Une maman indécise.

— Bonjour monsieur, j'aimerais vous voir pour parler de votre fils…
— D'accord mais cette fois ci, je préférerais qu'on se voie en dehors de l'école, par exemple sur le trottoir, car mon fils risque de pleurer s'il me voit dans l'école…
Un papa sous la férule de son fils.

— Excusez-moi, mais j'ai vu que je n'étais pas dans le groupe de ma petite-fille pour les jeux de société ?

— Oui en effet, cela fait deux fois que vous venez et qu'elle fait des caprices, donc je vous ai mis avec un autre groupe...

— Mais moi, si je viens, c'est pour jouer avec ma petite-fille, sinon je reste chez moi !!!

Un papi un chouilla capricieux.

— Bonjour madame, je viens pour les jeux de société...

— Ah désolée, j'ai oublié de vous prévenir, aujourd'hui, il n'y a pas d'ateliers, nous faisons des crêpes pour la chandeleur. Mais puisque vous vous êtes déplacée, restez avec nous, vous êtes la bienvenue...

— Ah d'accord.... J'ai autre chose à faire, mais bon, après, elle va être contrariée...

(Merci pour votre franchise...)

Une maman aimante.

— S'cusez-moi, m'dame ?

— Oui ?

— On sait pas où il est, vot' bouquin…

— Euh…, excusez-moi, quel bouquin ?

— Vous savez, celui où il y a des images et où vous mettez si l'enfant y arrive ou pas…

(Ah ! Le livret de compétences…)

Un papa confus.

Sonnerie à la porte d'entrée :

— Bonjour monsieur, vous désirez ?

— J'amène ma fille à l'école

— Monsieur, vous êtes en avance, les portes n'ouvrent que dans quinze minutes…

— Oui, mais moi, je dois aller travailler !

(Sauf que nous, nous ne sommes pas encore au travail…)

Un business papa.

— Bonjour, mon fils m'a dit que la maîtresse donnait des fessées. Je voulais savoir si c'était vrai !

(…)

— Sérieusement, vous vous posez vraiment ce genre de questions ?

Un papa bien crédule.

— Vous ne pensez pas que les temps de lecture libre dans la classe sont des temps « perdus » pour les apprentissages ?

(Rationalisation quand tu nous tiens.)

— Alors, nous allons peut-être redéfinir le terme « apprentissage »…

Une maman « workaholic ».

— Madame, je vous écris pour vous dire que je vous autorise à laisser sortir mon fils de l'école seulement si vous me voyez dans ma Fiat Punto de couleur blanche garée dans la rue près de l'école ...

— Désolée madame, vous devez vous déplacer jusqu'à la grille de l'école ou laisser votre enfant venir seul jusqu'à votre voiture comme les autres enfants.

(Mission commando, c'est parti !)

Une maman 007.

— Bonjour monsieur, nous faisons des ateliers « eau » dans la classe, j'aurais besoin de parents pour m'aider à encadrer.

— Mais c'est vous, l'instit', vous ne pouvez pas vous débrouiller ?

— Si, mais je vais faire cinq ateliers, il faut donc un adulte pour chaque atelier afin de diriger les enfants...

— Non merci !

(Ça, c'est dit !...)

Un papa coopérant.

— Bonjour, je vous apporte le gâteau d'anniversaire de mon fils…

— Euh, mais c'est une bûche glacée ?

— Oui.

(Vite les enfants, on se réveille de la sieste, on s'habille, on passe aux toilettes, on s'installe et tout ça en… cinquante secondes top chrono !)

Une maman inuit.

— Pouvez-vous repenser vos punitions, ma femme et moi avons remarqué que vous étiez un peu trop laxiste …

(Je vais repasser aux châtiments corporels.)

— Vous voulez me donner quelques conseils ?

Papa fouettard.

— Excusez-moi, ma fille était en retard ce matin et la grille était déjà fermée, vous n'êtes quand même pas à cinq minutes près ???

(Avant l'heure, ce n'est pas l'heure et après l'heure, ce n'est plus l'heure !)

— Écoutez, l'heure c'est l'heure, sinon, c'est l'anarchie, et si on ferme cinq minutes plus tard, les gens arriveront encore cinq minutes après, donc...

Un pa-pas pressé.

— Serait-il possible que ma fille ne mette pas la tête sous l'eau à la piscine, elle vient de faire son brushing...

(Très bien, je vais lui mettre la collerette de mon chien...)

— ...

Une maman chic (pour ne pas dire chi...)

— Bonjour maîtresse, je viens vous prévenir que mon enfant arrêtera l'école vendredi...

— Ah, dans deux jours !

— Oui, c'est ça.

— Mais son carnet scolaire et ses affaires ne sont pas prêtes, il reste quand même trois semaines de classe... !

— Oui, enfin, il n'y a rien d'important ?

(Juste le travail de votre fille si jamais ça vous intéresse...)

Une maman investie.

— Bonjour maîtresse, puis-je vous parler cinq minutes ce soir à la sortie ?

— Oui bien sûr...

— Non, parce que j'ai un souci avec mon fils...

— Très bien, à ce soir alors, nous en parlerons...

— Non, parce qu'en ce moment il ne veut plus venir à l'école, vous savez, il ne se sent pas très bien intégré et...

Un papa insistant.

— Bonsoir je suis là !

— Bonsoir, vous savez, il va falloir que vous trouviez une solution, vous n'avez pas payé la garderie et je ne peux pas garder votre fille tous les soirs jusqu'à 17 h...

— Mais vous croyez quoi ! Que je suis en train de faire les magasins ??? Je travaille, moi, madame, je ne suis pas fonctionnaire !

(...)

Maman syndicaliste.

— Bonsoir maîtresse, vendredi, ce sont les vacances, nous partirons tout de suite après l'école. Pouvez-vous garder notre fils une heure de plus afin que nous puissions charger la voiture ?

— ...

(Baby-sitter à mes heures perdues, pourquoi pas ! - non -).

Une maman culottée.

— Bonsoir, mes horaires de travail ont changé, je serai donc en retard tous les vendredis, pouvez-vous surveiller mon fils jusqu'à mon arrivée ?

— ...

(Décidément !)

Un papa prévenant.

— Excusez-moi, mais vous auriez pu le dire en début d'année, que vous étiez enceinte et que vous alliez partir en congé maternité, on aurait changé notre fille de classe !

— Je n'étais pas encore enceinte au mois de septembre.

(Et de toute façon cela n'aurait rien changé…)

Une maman gonflée (mais pas enceinte).

— Pardon mais ma fille a des poux, j'ai enlevé le maximum hier soir, mais peut-être qu'il en reste, pourriez-vous les enlever si vous en voyez ?

(…)

— Ah non, cela ne va pas être possible !!!

— Bonsoir, je viens vous voir car nous partons ce week-end chez les grands-parents de Louise qui habitent à plusieurs centaines de kilomètres... J'aurais voulu savoir si vous alliez faire quelque chose d'intéressant vendredi ? Non, parce que sinon, nous partirons vendredi...

(Pas plus et pas moins que les autres jours...)

— Il y aura classe vendredi comme tous les jours...

Une maman pas intéressée.

Maman poule

— Bonjour maîtresse, Mattéo a un pantalon difficile à déboutonner, pourriez-vous l'aider quand il ira aux toilettes ?

— Mais vous le saviez, pourquoi le lui avez-vous mis ?

— Mais parce qu'il avait décidé de le mettre, c'est tout !

(L'ère de l'enfant roi.)

— Est-ce que tu peux dire à mon fils qu'il arrête de taper sa sœur le soir ?

(Je ne peux pas faire le travail à votre place...)

— Excusez-moi, monsieur, mais je ne vous connais pas, vous pourriez me vouvoyer, et non, je ne peux pas faire le travail à votre place...

Un papa désespéré.

— Bonjour, vous auriez pu quand même prévenir pour votre absence pour l'hospitalisation de votre enfant, il a fallu qu'on s'organise...

— Oui bien sûr, j'avais totalement anticipé que ma fille allait être hospitalisée en urgence...

Une maman perspicace.

— Vous me faites venir en plein après-midi sous prétexte que ma fille a une gastro et qu'elle a vomi, mais en fait, c'est juste de vulgaires taches sur son T-shirt !

(Oups, je n'ai pas gardé la preuve de ce que j'avance…)

— Je vous demande pardon ? J'ai nettoyé ce T-shirt afin de faire partir le vomi et je l'ai remis dans le sac, j'ai lavé aussi votre fille et je sais faire la différence…

Une maman de mauvaise foi.

— Est-ce vrai que vous faites faire encore la sieste aux « moyenne section » ? Non, parce qu'ils sont un peu grands, quand même…

(Ça, je vous l'accorde !)

— Quand vous dites sieste, vous voulez parler du fait que je les autorise, après la pause méridienne, à croiser les bras, faire le vide dans leur tête et à écouter une musique apaisante afin de se mettre au travail dans de meilleures conditions ?

Un papa Rufo.

— Bonjour, je viens vous voir car mon fils est enrhumé à cause de vous !

— Pardon ?

— Oui, hier, il est rentré avec le bas de pantalon mouillé alors, évidemment, il s'est enrhumé : vous ne l'avez pas changé !

— Je ne pouvais pas le changer car, l'ATSEM n'étant pas là, j'étais seule dans la classe...

(Mais puisque vous en parlez je lui ai dit trois fois d'arrêter de sauter dans les flaques !)

Une maman accusatrice.

— Bonjour, mon fils est malade depuis huit jours, pourrais-je récupérer mon cadeau de fête des pères ?

(Ne jamais perdre de vue l'essentiel !)

— Ah non, désolée, le cadeau n'est pas terminé, votre fils a été absent trop longtemps, bonne fête quand même !

Un papa gâté.

— Bonjour, vous avez demandé une boîte de mouchoirs, la voilà. Par contre, j'ai mis son nom dessus.

(Pourquoi ? Vous souhaitez récupérer les mouchoirs ?)

— Oh, ce n'était pas la peine, vous savez, je sors une boîte pour tous les enfants de la classe, je ne laisse pas 27 boîtes de mouchoirs étalées dans toute la classe.

Une maman capitaliste.

— C'est quoi, vot'problème ?

— Bonjour, pardon ?

— Mon fils est rentré en pleurs ce soir car vous l'avez puni… Donc c'est quoi, vot'problème ?

— Oui, effectivement, je l'ai puni car il montait sur une table en classe et hurlait…

— Oui, ben c'est normal, on peut rien faire dans vot'classe. Si ça continue, il voudra plus venir !

(Menace suprême.)

Un pa-pas d'problème !

— Bonjour, ma fille n'est pas venue hier à cause du décalage horaire.

— Ah bon, elle est revenue de voyage ?

— Non, mais nous avons changé d'heure !

— ...

Une maman « jetlaguée ».

— Vous croyez qu'on peut venir à votre rendez-vous pour chercher le livret de notre fils ? On doit s'inscrire entre 16 h 30 et 18 h ? Mais vous croyez quoi, madame ? On travaille, nous! On n'est pas comme les instits qui finissent à 16 heures, nous ! On finit à 19 heures, madame !

— ...

Une maman militante syndicaliste.

Sur le répondeur de l'école :

— Bonjour madame, mon fils est malade, il devait fêter son anniversaire avec quelques camarades de classe à la maison. Pourriez-vous les prévenir que c'est annulé ?

(Bien sûr, d'autres messages à faire passer sinon ?)

— ...

Une maman qui m'a prise pour la standardiste.

— Bonsoir madame, cela ne peut plus durer, vous venez chercher votre fils tous les jours avec vingt minutes de retard...

— Ben oui, je sais, mais ils ont changé les horaires de ma série *Melrose Place*, ces c..., alors, forcément, je suis en retard !

Maman Séries Addict.

— Bonjour, je m'excuse de vous déranger, je souhaitais vous voir car je suis anglais [accent à couper au couteau], et mon fils est très perturbé par votre accent quand vous faites les cours d'anglais...

(To be perfect or not to be perfect...)

— Oui, ce doit être vrai, effectivement, mais il va s'habituer et vous verrez, dans quelque temps, il sera gêné par votre accent quand vous parlerez français...

Un british daddy.

Imprimé en Espagne
par Industria Gráfica Cayfosa
en octobre 2018
ISBN : 978 2 36075 582 0
Dépôt légal : août 2018